Óleo

——— 207 Frases ———

Israel Jiménez

Óleo
· 207 Frases ·

Autor Israel Jiménez ©

Primera Edición: 2018

ISBN_978-1-5323-7820-1

Diseño de portada: Ministerio PUA

Diseño Interior: Holy Spirit Publishing

Clasificación: Frases Cortas

Pedidos: Puachurch@gmail.com

Contacto: Cel. (346) 814-0250   Tel. (832) 229-9292

Impreso en Estados Unidos de América

Producido en USA por Holy Spirit Publishing

INTRODUCCIÓN

Óleo es un libro de 207 frases cortas, todas con su respectivo verso Bíblico para que el lector pueda comprender de manera exhaustiva y sencilla su contenido. Cada persona que existe en la vida, es como un recipiente lleno de propósitos por realizar. Apropiarte de las herramientas correctas te lleva a desarrollar tu potencial al máximo.

Las frases cortas proporcionan un lenguaje inspirador, y están ligadas a los pensamientos del alma y del espíritu, para que en cualquier momento oportuno puedan ser declaradas. Una frase te servirá para aprovechar las emociones negativas en alimentar las reacciones positivas.

Aun cuando piensas que las cosas se están disminuyendo o alejando de ti, es cuando te van perteneciendo, tu milagro está en cuenta regresiva. Tres, dos, uno, "Recíbelo, es tuyo". Una frase corta es como tener una llave a la mano; y abrir esa puerta a la determinación, y a la conquista. Quizás no pueda darte todo lo que anhelas, pero si puedo darte esa llave que te conectará con tu próximo nivel.

Llegamos a este mundo sin nada, y Dios es el único que puede sacar algo de la nada. Tú eres el producto de Dios terminado para bendecir a este mundo en medio del caos. Cada momento difícil deja tras su paso, una palabra maravillosa que se quedará contigo toda la vida. Una cicatriz sólo es un recuerdo del pasado, para recordar de donde Dios te libró y te guardó.

Prepárese para ser Dimensionado.

AGRADECIMIENTO

Al Espíritu Santo, mi mejor amigo, por darme la guianza e inspiración para culminar este libro de manera efectiva; creyendo en Dios que será de edificación para esta generación de provocadores de avivamiento.

A mi esposa, Sasha Jiménez, por ser mi apoyo y complemento, tanto en mi vida cotidiana como Espiritual.

Gracias a Dios por adornar nuestro hogar con dos princesas: Kaysha y Denysha Jiménez; ellas son el legado que continuará provocando avivamiento bajo el poder del Espíritu Santo.

A todo nuestro equipo de trabajo en nuestro centro de avivamiento Pua Church Houston Tx, por creer en la visión que Dios ha depositado sobre nuestra vida, y a aquellos que por orden divino y sobrenatural oran por nuestro ministerio y familia.

A mis padres; Seferino y Miriam De Jiménez por ser el instrumento que Dios utilizó para traernos al mundo para cumplir con los diseños asignados por el Eterno.

Óleo

• 207 Frases •

Salmos 45:7 (RVR1960)

Has amado la justicia y aborrecido la maldad;
Por tanto, te ungió Dios, el Dios tuyo,
*Con **óleo** de alegría más que a tus compañeros.*

207 Frases que cambiarán tu manera de pensar, tu manera de hablar, y tu manera de vivir.

¡Cómo algo sencillo te conecta con algo grandioso!

"Cada frase contiene una exposición exhaustiva y un verso Bíblico". Esto facilita al lector navegar en aguas profundas con mayor entendimiento.

Israel Jiménez

LO CREO, LO RECIBO, MIS OJOS LO VERÁN

Complace a los que no creen en ti, perseverando en lo que Dios te dijo que sucederá.

Santiago 1:12 (NTV)
Dios bendice a los que soportan con paciencia
las pruebas y las tentaciones,
porque después de superarlas,
recibirán la corona de vida que Dios
ha prometido a quienes lo aman.

DIOS ME DICE HOY:

_____

_____

_____

_____

_____

_____

Satanás quiere que envidies lo que otros tienen,
para que te descuides y él quitarte
lo que ya tú portas.

Salmos 73:2-3 (RVR1960)

*2 En cuanto a mí, casi se deslizaron mis pies;
por poco resbalaron mis pasos.
3 Porque tuve envidia de los arrogantes,
viendo la prosperidad de los impíos.*

DIOS ME DICE HOY:

_____

_____

_____

_____

_____

El error de cometer un error; es repetirlo siempre.

Juan 8: 10-11 (NVI)
[10] *Entonces él se incorporó y le preguntó:*
—Mujer, ¿dónde están? ¿Ya nadie te condena?
[11]*Nadie, Señor.   —Tampoco yo te condeno.*
Ahora vete, y no vuelvas a pecar.

En otras palabras: no vuelvas a cometer el mismo error, ni siquiera uno diferente.

DIOS ME DICE HOY:

_____

_____

_____

_____

_____

No luches por conquistar algo. Debes luchar para que eso que conquistaste, se quede contigo siempre.
Sólo aquello por lo que perseveras te corresponde.

2 Corintios 4:17 (NVI)
Pues los sufrimientos ligeros y efímeros que ahora padecemos producen una gloria eterna que vale muchísimo más que todo sufrimiento.

DIOS ME DICE HOY:

_____

_____

_____

_____

_____

El que no tiene tiempo para orar, algo material
le está robando la bendición espiritual.

Hechos 6:2 (RVR1960)
*Entonces los doce convocaron a la multitud
de los discípulos,
y dijeron: No es justo que nosotros dejemos la palabra
de Dios, para servir a las mesas.*

DIOS ME DICE HOY:

_____

_____

_____

_____

_____

Hablo tanto con Dios que no tengo espacio
para hablar mal de un hombre de Dios.

Génesis 31:29 (RVR1960)
Poder hay en mi mano para haceros mal;
mas el Dios de tu padre me habló anoche diciendo:
Guárdate que no hables a Jacob descomedidamente.

DIOS ME DICE HOY:

_____

_____

_____

_____

_____

Lo que no puedas alcanzar o tocar con las manos, podrás alcanzarlo por medio de la fe. La fe trae al presente lo que está en el futuro.

Hebreo 11:1-2 (RVR1960)
1 Es, pues, la fe la certeza de lo que se espera, la convicción de lo que no se ve.
2 Porque por ella alcanzaron buen testimonio los antiguos.

DIOS ME DICE HOY:

_____

_____

_____

_____

_____

No puedes desear tu futuro, cuando aún no piensas pelear por tu presente.

Josué 10:12 (RVR1960)
Entonces Josué habló a Jehová el día en que Jehová entregó al amorreo delante de los hijos de Israel, y dijo en presencia de los israelitas: Sol, detente en Gabaón; Y tú, luna, en el valle de Ajalón.

DIOS ME DICE HOY:

_____

_____

_____

_____

_____

LEVÁNTATE, porque la única vez que estuviste en el suelo fue cuando te crearon. Sólo es permitido mirar para el suelo cuando toca levantar al caído. Fuiste creado para caminar por encima de tus fracasos.

LEVÁNTATE

Fuiste creado del polvo, pero no para vivir en él.
Te crearon con material del piso, pero el diseño original es para que camines por encima de él.
Dios te creó para caminar en fe.
Lo que muchos miran en ti, fracaso, Dios te pondrá a caminar por encima de eso.
Dios te llamó para que te levantes y levantes a otros.

DIOS ME DICE HOY:

_____

_____

_____

_____

Todo lo que tú necesitas para vencer está dentro de ti; así como Eva estaba dentro de Adán.

Génesis 2:22 (RVR1960)
Y de la costilla que Jehová Dios tomó del hombre,
hizo una mujer, y la trajo al hombre.

DIOS ME DICE HOY:

_____

_____

_____

_____

_____

No le pidas a Dios que te corte o que te quite el problema, porque si te quita o te corta el problema; también te cortará la bendición. Los obstáculos son la prueba de que tu bendición viene en camino.

Santiago 1:3-4 (RVR1960)
³ Sabiendo que la prueba de vuestra fe
produce paciencia.
⁴ Mas tenga la paciencia su obra completa, para que seáis perfectos y cabales, sin que os falte cosa alguna.

DIOS ME DICE HOY:
_____
_____
_____
_____
_____

Cuando piensas que Dios no te ha librado del proceso, es porque él tiene planeado meterse dentro de tu proceso.

Daniel 3:17 (RVR1960)
He aquí nuestro Dios a quien servimos puede librarnos del horno de fuego ardiendo;
y de tu mano,
oh rey, nos librará

Daniel 3:25 (NTV)
– ¡Miren! -Gritó Nabuconodosor –
¡Yo veo a cuatros hombres desatados que caminan en medio del fuego sin sufrir daño!
¡Y el cuarto personaje se parece a un dios!

DIOS ME DICE HOY:

_____

_____

_____

Los angustiadores que te odian en secreto, Dios los dejará vivos para que te admiren en público.

Salmos 23:5 (RVR1960)
Aderezas mesa delante de mí
en presencia de mis angustiadores;
Unges mi cabeza con aceite;
mi copa está rebosando.

DIOS ME DICE HOY:

_____

_____

_____

_____

_____

Nunca morirás en un lugar donde Dios te haya llevado, aunque sea éste un desierto.

Isaías 43:2 (RVR1960)

Cuando pases por las aguas, yo estaré contigo;
y si por los ríos, no te anegarán.
Cuando pases por el fuego, no te quemarás,
ni la llama arderá en ti.

DIOS ME DICE HOY:

_____

_____

_____

_____

_____

Cuando tienes Fe, tu problema tiene fecha de vencimiento.

1 Corintios 10:13 (RVR1960)
No os ha sobrevenido ninguna tentación que no sea humana; pero fiel es Dios, que no os dejará ser tentados más de lo que podéis resistir, sino que dará también juntamente con la tentación la salida, para que podáis soportar.

DIOS ME DICE HOY:

_____

_____

_____

_____

_____

El Espíritu Santo te consuela, pero no consuela
tu pecado, sino que lo arranca de raíz.
Eso sí que es un verdadero consuelo.

Salmos 51:10 (RVR1960)
Crea en mí, oh Dios, un corazón limpio,
Y renueva un espíritu recto dentro de mí.

DIOS ME DICE HOY:

_____

_____

_____

_____

_____

Cuando tienes un encuentro con la Gloria de Dios;
o te humillas o la Gloria te humilla.

2 Crónicas 5:14 (RVR1960)
*Y no podían los sacerdotes estar allí para ministrar,
por causa de la nube; porque la gloria de Jehová
había llenado la casa de Dios.*

Dios me dice hoy:

_____

_____

_____

_____

_____

Si reconoces que Jesucristo es tu abogado; ¿para qué te defiendes?, él peleará por vosotros y vosotros estaréis tranquilos.

1 Juan 2:1 (RVR1960)
Hijitos míos, estas cosas os escribo para que no pequéis;
y si alguno hubiere pecado,
abogado tenemos para con el Padre,
a Jesucristo el justo.

DIOS ME DICE HOY:
_____
_____
_____
_____
_____

Nunca olvides de dónde Dios te sacó, para que el orgullo no te aparte de donde él te colocó.

Isaías 44:21 (RVR1960)
Acuérdate de estas cosas,
oh Jacob, e Israel, porque mi siervo eres.
Yo te formé, siervo mío eres tú;
Israel, no me olvides.

DIOS ME DICE HOY:

_____

_____

_____

_____

_____

El único lugar donde te sumerges y no te ahogas es en las Sagradas Escrituras cuando lees la palabra de Dios. Por cierto, la Biblia es el único libro que cuando lo lees, el autor está presente.

1 Corintios 2:10 (RVR1960)
Pero Dios nos las reveló a nosotros por el Espíritu; porque el Espíritu todo lo escudriña, aun lo profundo de Dios.

DIOS ME DICE HOY:

_____

_____

_____

_____

_____

Lo que le pides a Dios de rodillas con los ojos cerrados, lo verás de pies con los ojos abiertos. Los hijos de Dios no recibimos por lo que vemos, sino por lo que creemos.

Hechos 7:55 (RVR1960)
Pero Esteban, lleno del Espíritu Santo,
puestos los ojos en el cielo, vio la Gloria de Dios,
y a Jesús que estaba sentado a la diestra de Dios.

DIOS ME DICE HOY:

_____

_____

_____

_____

_____

El único lugar donde Satanás y tus enemigos
no pueden interrumpirte es cuando estás
en la presencia de Dios.

Nota: Si tú no sales, ellos tampoco entran.

Colosenses 3:2-3 (RVR1960)
² Poned la mira en las cosas de arriba,
no en las de la tierra.
³Porque habéis muerto,
y vuestra vida está escondida con Cristo en Dios.

DIOS ME DICE HOY:

_____

_____

_____

_____

_____

Muchas personas llegan a tu vida por un tiempo y, cuando menos lo esperas, ya no están. La razón por la que se van y no regresan es porque simplemente fueron puentes en tu trayectoria y no metas; la cual es tu destino final. No llores por quien se fue de tu lado, agradece por quien Dios permite que permanezca contigo.

Rut 1:16 (RVR1960)
Respondió Rut:
No me ruegues que te deje,
y que me aparte de ti;
porque a dondequiera que tú fueres,
iré yo, y dondequiera que vivieres, viviré.
Tu pueblo será mi pueblo, y tu Dios mi Dios.

DIOS ME DICE HOY:

_____

_____

_____

Si quieres ser el Héroe de todos, tendrás que morir por todos como Jesús lo hizo en la cruz del Calvario. Sólo aquello por lo que pagas el precio y te sacrificas, te pertenece. No puedes reclamar por lo que no te has sacrificado.

1 Corintios 7:23 (RVR1960)
Por precio fuisteis comprados;
no os hagáis esclavos de los hombres.

DIOS ME DICE HOY:

_____

_____

_____

_____

_____

Jesús mientras estuvo en la tierra usó un pollino como transporte, pero ya tenía reservado un caballo. **No podemos posicionarnos de algo grande a menos que aprendamos a celebrar y reír con lo sencillo.**

Apocalipsis 19:11 (RVR1960)
Entonces vi el cielo abierto;
y he aquí un caballo blanco,
y el que lo montaba se llamaba Fiel y Verdadero,
y con justicia juzga y pelea.

DIOS ME DICE HOY:

_____

_____

_____

_____

_____

Cuando no le encuentras una salida al problema que estás pasando, es porque aún Dios no ha terminado de formarte.

Éxodo 13:17 (RVR1960)
Y luego que Faraón dejó ir al pueblo,
Dios no los llevó por el camino de la tierra
de los filisteos,
que estaba cerca; porque dijo Dios:
Para que no se arrepienta el pueblo
cuando vea la guerra,
y se vuelva a Egipto.

DIOS ME DICE HOY:

_____

_____

_____

_____

_____

Lo material nunca podrá ser un sustituto de la presencia de Dios en tu vida.

Salmos 16:11 (RVR1960)
Me mostrarás la senda de la vida;
En tu presencia hay plenitud de gozo;
Delicias (Deleite) a tu diestra para siempre.

DIOS ME DICE HOY:

_____

_____

_____

_____

_____

La peor vergüenza de Satanás fue que Cristo
lo derrotó en público y no en privado.

Cuando muchos piensan que la cruz es tu proceso
final; es donde Dios está formando un nuevo
comienzo que traerá victoria. Probablemente el
infierno pensó que era la derrota de Jesús al verlo en
la cruz crucificado, pero la gran realidad fue que Dios
usó ese proceso en Jesús para avergonzar a sus
detractores en público.

Colosenses 2:15 (NTV)
De esa manera, desarmó a los gobernantes
y a las autoridades espirituales.
Los avergonzó públicamente con su victoria
sobre ellos en la cruz.

Dios me dice hoy:

_____

_____

Muchos te miran como un granito de mostaza, pero cuando Dios te convierta en un árbol, ellos se cubrirán bajo tu sombra.

Mateo 13:31-32 (RVR1960)
[31] Otra parábola les refirió, diciendo: El reino de los cielos es semejante al grano de mostaza, que un hombre tomó y sembró en su campo; [32] el cual a la verdad es la más pequeña de todas las semillas; pero cuando ha crecido, es la mayor de las hortalizas, y se hace árbol, de tal manera que vienen las aves del cielo y hacen nidos en sus ramas.

D<small>IOS ME DICE HOY:</small>

_____

_____

_____

Aún en medio de tu proceso,
Dios está planeando tu bendición.

Génesis 41:14-16 (RV1960)

14 Entonces Faraón envió y llamó a José.
Y lo sacaron apresuradamente de la cárcel,
y se afeitó, y mudó sus vestidos, y vino a Faraón.
15 Y dijo Faraón a José: Yo he tenido un sueño,
y no hay quien lo interprete; mas he oído decir de ti,
que oyes sueños para interpretarlos.
16 Respondió José a Faraón, diciendo: No está en mí;
Dios será el que dé respuesta propicia a Faraón.

DIOS ME DICE HOY:

_____

_____

_____

_____

Muchas personas piden a Dios una salida
a sus problemas, pero en realidad lo que necesitan
no es una salida, sino más bien; una entrada
a la presencia de Dios.

Romanos 5:2 (RVR1960)
*Por quien también tenemos entrada por la fe a esta
gracia en la cual estamos firmes,
y nos gloriamos en la esperanza de la gloria de Dios.*

Efesios 3:12 (RVR1960)
*En quien tenemos seguridad y acceso con confianza
por medio de la fe en él.*

DIOS ME DICE HOY:
_____

_____

_____

La grandeza de alguien que ha logrado algo majestuoso, es su sencillez.

Mateo 11:29 (RVR1960)
*Llevad mi yugo sobre vosotros, y aprended de mí,
que soy manso y humilde de corazón;
y hallaréis descanso para vuestras almas.*

Dios me dice hoy:

_____

_____

_____

_____

_____

Si quieres ver el proceso arrodillarse ante ti,
arrodíllate tú antes Dios.

Daniel 6:22 (RV1960)
*Mi Dios envió su ángel, el cual cerró la boca de
los leones, para que no me hiciesen daño,
porque ante él fui hallado inocente;
y aun delante de ti, oh Rey, yo no he hecho nada malo.*

DIOS ME DICE HOY:

_____

_____

_____

_____

_____

La vida es como una Universidad: te enseña a vivir, pero sólo Dios nos da las fuerzas para sobrevivir.

Isaías 58:11 (RVR1960)
Jehová te pastoreará siempre,
y en las sequías saciará tu alma,
y dará vigor a tus huesos; y serás como huerto de riego, y como manantial de aguas, cuyas aguas nunca faltan.

Salmos 34:19 (RVR1960)
Muchas son las aflicciones del justo,
pero de todas ellas le librará Jehová.

DIOS ME DICE HOY:

_____

_____

_____

Mientras más te alejas de tu pasado, dejas de llorar por lo que pasó; y comienzas a celebrar por lo nuevo que se aproxima.

Filipenses 3:13 (RVR1960)
Hermanos, yo mismo no pretendo haberlo ya alcanzado; pero una cosa hago: olvidando ciertamente lo que queda atrás, y extendiéndome a lo que está delante.

DIOS ME DICE HOY:

_____

_____

_____

_____

_____

Una cicatriz sólo es un recuerdo del pasado, para recordar de donde Dios te libró y te guardó.

Gálatas 6:17 (NVI)
Por lo demás, que nadie me cause más problemas, porque yo llevo en el cuerpo las cicatrices de Jesús.

DIOS ME DICE HOY:
_____
_____
_____
_____
_____

**En secreto hablas con Dios,
en público Dios habla por ti.**

Un ejemplo de esto lo podemos ver en Jesús. Pasaba toda la noche orando y hablando con el Padre en secreto. Luego en público su Padre dijo: Este es mi hijo amado en quien tengo complacencia. **Si Dios te defiende en público es porque ya peleaste tu batalla en secreto.**

Mateo 6:6 (RVR1960)
*Mas tú, cuando ores, entra en tu aposento,
y cerrada la puerta, ora a tu Padre que está en secreto;
y tu Padre que ve en lo secreto te recompensará
en público.*

DIOS ME DICE HOY:
_____
_____
_____

Moisés subió al Monte Horeb a hablar con Dios, no había WiFi; pero fue donde tuvo la mejor conexión.

Éxodo 33:11 (RVR1960)
Y hablaba Jehová a Moisés cara a cara,
como habla cualquiera a su compañero.
Y él volvía al campamento; pero el joven
Josué hijo de Nun,
su servidor, nunca se apartaba de en medio
del tabernáculo.

Éxodo 3:4 (RV1960)
Viendo Jehová que él iba a ver,
lo llamó Dios de en medio de la zarza,
y dijo: ¡Moisés, Moisés!
Y él respondió: Heme aquí.

DIOS ME DICE HOY:
_____
_____

Hay personas que lo mejor que les ha pasado es lo peor. La crítica lo ha promocionado, el problema le ha enseñado a tener paciencia, las dificultades lo han hecho más resistible y el proceso le ha revelado la Gloria que ellos llevan dentro.

Romanos 8:28 (RV1960)
_Y sabemos que a los que aman a Dios,
todas las cosas les ayudan a bien,
esto es, a los que conforme a su propósito
son llamados._

DIOS ME DICE HOY:

_____

_____

_____

_____

_____

La mujer del flujo de sangre llegó a su milagro, cuando su nivel de fe la llevó a donde ella no podía llegar.

Mateo 9:21 (RVR1960)
*Porque decía dentro de sí:
si tocare solamente su manto, seré salva.*

DIOS ME DICE HOY:

_____

_____

_____

_____

_____

Mientras más fuerte es la opresión,
mayor será la multiplicación.

Éxodo 1:12 (RVR1960)
Pero cuanto más los oprimían,
tanto más se multiplicaban y crecían,
de manera que los egipcios temían a los hijos de Israel.

D<small>IOS</small> <small>ME</small> <small>DICE</small> <small>HOY</small>:
_____

_____

_____

_____

_____

No hay peor carga que sentirse culpable por algo que nunca cometimos. Y la única salida es no detenernos por algo que en ningún momento existió.

1 Juan 3:19-20 (RVR1960)
¹⁹ Y en esto conocemos que somos de la verdad,
y aseguraremos nuestros corazones delante de él;
²⁰ pues si nuestro corazón nos reprende,
mayor que nuestro corazón es Dios,
y él sabe todas las cosas.

DIOS ME DICE HOY:

_____

_____

_____

_____

_____

Nunca sustituya una información por una revelación. La información te comunica, la revelación te transforma.

Romanos 16:25 (RVR1960)
Y al que puede confirmaros según mi evangelio y la predicación de Jesucristo, según la revelación del misterio que se ha mantenido oculto desde tiempos eternos.

DIOS ME DICE HOY:

_____

_____

_____

_____

_____

Si puedes explicar un milagro sobrenatural; entonces no es sobrenatural, porque lo sobrenatural no tiene explicación.

Isaías 29:14 (NTV)

Por esa causa, una vez más asombraré a estos hipócritas con maravillas extraordinarias.
La sabiduría de los sabios pasará,
y la inteligencia de los inteligentes desaparecerá.

DIOS ME DICE HOY:

_____

_____

_____

_____

_____

Un milagro no llega por casualidad, sólo se manifiesta cuando en medio de la enfermedad aprendes a creerle a Dios.

Daniel 6:23 (RVR1960)

*Entonces se alegró el rey en gran manera
a causa de él,
y mandó sacar a Daniel del foso;
y fue Daniel sacado del foso,
y ninguna lesión se halló en él,
porque había confiado en su Dios.*

DIOS ME DICE HOY:

_____

_____

_____

_____

_____

El milagro no se explica, pero se aplica.

Juan 9:25 (RVR1960)
Entonces él respondió y dijo:
Si es pecador, no lo sé;
una cosa sé, que habiendo yo sido ciego,
ahora veo.

DIOS ME DICE HOY:

_____

_____

_____

_____

_____

La impaciencia puede llevarte a acelerar la pérdida de una batalla, inclusive cuando no te has dado cuenta que estás a punto de ganar.

Santiago 1:4 (RVR1960)
Mas tenga la paciencia su obra completa,
para que seáis perfectos y cabales,
sin que os falte cosa alguna.

Dios me dice hoy:

_____

_____

_____

_____

_____

Detrás de cada victoria, hay un sacrificio que se ha ejecutado.

2 Samuel 24:24 (RVR1960)
Y el rey dijo a Arauna:
No, sino por precio te lo compraré;
porque no ofreceré a Jehová mi Dios holocaustos
que no me cuesten nada.
Entonces David compró la era y los bueyes por
cincuenta siclos de plata.

DIOS ME DICE HOY:

_____

_____

_____

_____

_____

Lo único que no se recicla es la palabra de Dios ¿sabes por qué? Porque no se daña, todo lo contrario, arregla, corrige, redarguye, limpia, purifica, y restaura lo que está dañado.

Mateo 24:35 (RVR1960)
El cielo y la tierra pasarán,
pero mis palabras no pasarán.

2 Timoteo 3:16 (RVR1960)
Toda la Escritura es inspirada por Dios,
y útil para enseñar, para redargüir,
para corregir, para instruir en justicia.

DIOS ME DICE HOY:

_____

_____

_____

El error de un ungido es hablar mal de otro ungido.

1 Samuel 24:6 (RVR1960)
Y dijo a sus hombres: Jehová me guarde de hacer tal cosa contra mi señor, el ungido de Jehová, que yo extienda mi mano contra él; porque es el ungido de Jehová.

DIOS ME DICE HOY:

_____

_____

_____

_____

_____

Lo que a ti te preocupa ahora, Dios ya lo tiene resuelto desde la eternidad.

Romanos 8:30 (RVR1960)
Y a los que predestinó, a éstos también llamó;
y a los que llamó, a éstos también justificó;
y a los que justificó, a éstos también glorificó.

DIOS ME DICE HOY:

_____

_____

_____

_____

_____

Muchos están tan enfocados en los pecados de otros;
que se les olvida pedir perdón por los que ellos
cometen.

Mateo 7:1-2 (RVR1960)
¹ *No juzguéis, para que no seáis juzgados.*
² *Porque con el juicio con que juzgáis,*
seréis juzgados, y con la medida con que medís,
os será medido.

DIOS ME DICE HOY:

_____

_____

_____

_____

_____

Si le das la espalda a Dios, te encontrarás
al infierno de frente.

Zacarías 1:3 (RVR1960)
Diles, pues: Así ha dicho Jehová de los ejércitos:
Volveos a mí, dice Jehová de los ejércitos,
y yo me volveré a vosotros,
ha dicho Jehová de los ejércitos.

Jeremías 21:8 (RVR1960)8
Y a este pueblo dirás: Así ha dicho Jehová:
He aquí pongo delante de vosotros
camino de vida y camino de muerte.

DIOS ME DICE HOY:

_____

_____

_____

El desierto es el trampolín para saltar a la tierra prometida.

Éxodo 3:1 (RVR1960)
Apacentando Moisés las ovejas de Jetro su suegro, sacerdote de Madián, llevó las ovejas a través del desierto, y llegó hasta Horeb, monte de Dios.

Deuteronomio 8:16 (NTV)
En el desierto, te alimentó con maná, un alimento desconocido para tus antepasados. Lo hizo para humillarte y para ponerte a prueba por tu propio bien.

DIOS ME DICE HOY:

_____

_____

_____

Despídete del fracaso y abraza la fe, porque la fe es la única herramienta que necesitas para ver el fracaso como una oportunidad de levantarte con más fuerzas.

Mateo 9:29 (NTV)
Entonces él les tocó los ojos y dijo:
Debido a su fe, así se hará.

DIOS ME DICE HOY:

_____

_____

_____

_____

_____

Tu relación con Dios revela que estás lejos del pecado.

Proverbios 3:32 (RVR1960)
Porque Jehová abomina al perverso;
Mas su comunión íntima es con los justos.

Dios me dice hoy:

_____

_____

_____

_____

_____

Si no pasas la prueba, Dios no te concede
la bendición.

Jeremías 17:10 (RVR1960)
Yo Jehová, que escudriño la mente,
que pruebo el corazón,
para dar a cada uno según su camino,
según el fruto de sus obras.

DIOS ME DICE HOY:

_____

_____

_____

_____

_____

Un religioso habla de lo que ve, un hijo De Dios habla de lo que el Padre le revela.

Romanos 16:25 (RVR1960)
*Y al que puede confirmaros según mi evangelio
y la predicación de Jesucristo,
según la revelación del misterio que se ha mantenido
oculto desde tiempos eternos.*

Romanos 8:19 (RVR1960)
*Porque el anhelo ardiente de la creación
es el aguardar la manifestación de los hijos de Dios.*

DIOS ME DICE HOY:

_____

_____

_____

Cuando Dios está en control, no hay pecado que te controle.

2 Corintios 1:24 (NBLH)
No es que queramos tener control de su fe,
sino que somos colaboradores con ustedes para su
gozo, porque es en la fe que permanecen firmes.

Job 12:10 (NBLH)
Que en su mano está la vida de todo ser viviente,
y el aliento de todo ser humano.

DIOS ME DICE HOY:

_____

_____

_____

Lo sobrenatural comienza donde lo carnal termina, si quieres ver lo sobrenatural corta con lo natural.

1 Corintios 15:44 (NTV)
Son enterrados como cuerpos humanos naturales, pero serán resucitados como cuerpos espirituales. Pues, así como hay cuerpos naturales, también hay cuerpos espirituales.

DIOS ME DICE HOY:

_____

_____

_____

_____

_____

Cuando muchos te dan la espalda, es donde
Dios más te respalda.

Proverbios 29:25 (RVR1960)
El temor del hombre pondrá lazo;
Mas el que confía en Jehová será exaltado.

DIOS ME DICE HOY:

_____

_____

_____

_____

_____

Cuando te acostumbras a hacer lo que los comunes hacen; nunca marcarás la diferencia.

Juan 14:12 (RVR1960)
De cierto, de cierto os digo: El que en mí cree, las obras que yo hago, él las hará también; y aun mayores hará, porque yo voy al Padre.

DIOS ME DICE HOY:

_____

_____

_____

_____

_____

La obediencia a Dios te lleva a evitar resultados negativos.

Proverbios 10:17 (NVI)
*El que atiende a la corrección va camino a la vida;
el que la rechaza se pierde.*

DIOS ME DICE HOY:

_____

_____

_____

_____

_____

La palabra que te confronta es el área donde Dios quiere que tú cambies.

Juan 6:66-68 (NVI)
66 Desde entonces muchos de sus discípulos le volvieron la espalda y ya no andaban con él. Así que Jesús les preguntó a los doce: 67 ¿También ustedes quieren marcharse? 68 Señor —contestó Simón Pedro—, ¿a quién iremos? Tú tienes palabras de vida eterna.

DIOS ME DICE HOY:

_____

_____

_____

_____

_____

Nunca pierdas la Fe; porque si llegas a perder la Fe, automáticamente pierdes el milagro.

Marcos 9:23 (RVR1960)
*Jesús le dijo: Si puedes creer,
al que cree todo le es posible.*

DIOS ME DICE HOY:

_____

_____

_____

_____

_____

Si lo intentas puedes llegar a fracasar, pero si no lo intentas ya has fracasado.

Lánzate como Pedro que cuando Jesús lo llamó, bajó de la barca en obediencia a su Señor. ¿Sabes por qué no se hundió? Porque el que lo llamó lo respaldó.

1 Pedro 2:21 (RVR1960)
Pues para esto fuisteis llamados;
porque también Cristo padeció por nosotros,
dejándonos ejemplo,
para que sigáis sus pisadas.

DIOS ME DICE HOY:

_____

_____

_____

_____

Un Artista conquista el corazón de la gente, pero sólo un adorador conquista el corazón de Dios.

Juan 4:24 (RVR1960)
Dios es Espíritu; y los que le adoran,
en espíritu y en verdad es necesario que adoren.

DIOS ME DICE HOY:

_____

_____

_____

_____

_____

Para olvidar lo que pasó, simplemente recuerda lo nuevo que se aproxima.

Isaías 65:17 (RVR1960)
Cielos nuevos y tierra nueva
17 Porque he aquí que yo crearé nuevos cielos
y nueva tierra; y de lo primero no habrá memoria,
ni más vendrá al pensamiento.

DIOS ME DICE HOY:

_____

_____

_____

_____

_____

Cuando alguien te ama con su memoria, en cualquier momento te olvida.

"Sólo para entendidos"

Mateo 22:37 (RVR1960)
*Jesús le dijo: Amarás al Señor tu Dios con todo tu **corazón**, y con toda tu **alma**, y con toda tu **mente**.*

DIOS ME DICE HOY:

_____

_____

_____

_____

_____

Un Águila sólo desciende de su altura para comer, nunca para rendirse.

Procura que la humillación antes Dios sea la razón por la que permaneces en las Alturas. La oración, el ayuno y la lectura de la Palabra son alimentos espirituales, que nos llevan a vivir una vida de humildad, sin olvidar en el nivel que Dios nos ha colocado.

1 Pedro 5:6 (RVR1960)
Humillaos, pues, bajo la poderosa mano de Dios, para que Él os exalte cuando fuere tiempo.

DIOS ME DICE HOY:

_____

_____

_____

Cuando Dios no te quita una prueba, es para que la prueba te quite el orgullo.

2 Corintios 12:7 (RV 1960)
Y para que la grandeza de las revelaciones
no me exaltase desmedidamente,
me fue dado un aguijón en mi carne,
un mensajero de Satanás que me abofetee,
para que no me enaltezca sobremanera.

DIOS ME DICE HOY:

_____

_____

_____

_____

_____

Nadie podrá detener aquello que Dios diseñó para tener victoria.

Hechos 5:39 (RVR1960)
*Mas si es de Dios, no la podréis destruir;
no seáis tal vez hallados luchando contra Dios.*

DIOS ME DICE HOY:

_____

_____

_____

_____

_____

Cuando Dios permite una prueba en nuestra vida, es para que aprendamos a depender de su poder.

Isaías 41:13 (RVR1960)
Porque yo Jehová soy tu Dios,
quien te sostiene de tu mano derecha,
y te dice: No temas, yo te ayudo.

DIOS ME DICE HOY:

_____

_____

_____

_____

_____

Un verdadero conquistador no es aquel que conquista la tierra, sino más bien el que conquista el Corazón de Dios.

Apocalipsis 3:21 (RVR1960)
Al que venciere,
le daré que se siente conmigo en mi trono,
así como yo he vencido,
y me he sentado con mi Padre en su trono.

DIOS ME DICE HOY:

_____

_____

_____

_____

_____

Lo contrario de la fe no es la duda, es estar ciego espiritualmente.

2 Reyes 6:17 (RVR1960)
Y oró Eliseo, y dijo:
Te ruego, oh Jehová, que abras sus ojos para que vea.
Entonces Jehová abrió los ojos del criado,
y miró; y he aquí que el monte estaba lleno de gente
de a caballo, y de carros de fuego alrededor de Eliseo.

DIOS ME DICE HOY:

_____

_____

_____

_____

_____

Lo contrario del amor no es el odio; es no haber conocido a Dios porque Dios es amor.

1 Juan 4:8 (RVR1960)
El que no ama, no ha conocido a Dios;
porque Dios es amor.

DIOS ME DICE HOY:

_____

_____

_____

_____

_____

La muerte puede matar un vivo, pero no la vida.
Jesucristo fue la vida que venció la muerte.

2 Timoteo 1:10 (RVR1960)
Pero que ahora ha sido manifestada
por la aparición de nuestro Salvador Jesucristo,
el cual quitó la muerte y sacó a luz la vida
y la inmortalidad por el evangelio.

DIOS ME DICE HOY:

_____

_____

_____

_____

_____

Esperanza es lo que se tiene por algo material, fe es lo que se tiene por algo espiritual.

Hebreos 11 (RVR1960)
Es, pues, la fe la certeza de lo que se espera,
la convicción de lo que no se ve.

1 Timoteo 6:12 (RVR1960)
Pelea la buena batalla de la fe,
echa mano de la vida eterna,
a la cual asimismo fuiste llamado,
habiendo hecho la buena profesión
delante de muchos testigos.

DIOS ME DICE HOY:

_____

_____

_____

Una crítica destructiva nunca podrá destruir lo que fue fundado sobre la roca.

Salmos 62:2 (NTV)
*Sólo él es mi roca y mi salvación,
mi fortaleza donde jamás seré sacudido.*

DIOS ME DICE HOY:

_____

_____

_____

_____

_____

Satanás no le teme a aquellos que hacen buenas obras, si no a aquellos que hacen la voluntad de Dios.

Salmos 40:8 (NTV)
Me complace hacer tu voluntad, Dios mío,
pues tus enseñanzas están escritas en mi corazón.

Dios me dice hoy:

_____

_____

_____

_____

_____

Muchos no saben por qué orar, pero sí por qué criticar; cambia tu mentalidad y cambiarás tu forma de orar.

Filipenses 4:6 (NTV)
No se preocupen por nada;
en cambio, oren por todo.
Díganle a Dios lo que necesitan
y denle gracias por todo lo que Él ha hecho.

DIOS ME DICE HOY:

_____

_____

_____

_____

_____

Dios primero te hace resistible antes de hacerte fuerte. Es por eso que Dios no nos pone cargas que no podamos llevar. Una espada antes de ser fuerte, primero debe ser resistible al proceso del fuego. **Resiste**.

Efesios 6:13 (NTV)
Por lo tanto,
pónganse todas las piezas de la armadura de Dios
para poder resistir al enemigo
en el tiempo del mal.
Así, después de la batalla,
todavía seguirán de pie, firmes.

DIOS ME DICE HOY:

_____

_____

_____

Si ya Dios sabe lo que le voy a pedir, prefiero
agradecerle y adorarle por lo que él
ya sabe que me va a dar.

Salmos 138:3 (NTV)
*En cuanto oro, tú me respondes;
me alientas al darme fuerza.*

Mateo 6:8 (NTV)
*No seas como ellos,
porque tu Padre sabe exactamente lo que necesitas,
incluso antes de que se lo pidas.*

DIOS ME DICE HOY:

_____

_____

_____

La Gloria de Dios es tan pesada, que a los hijos de Dios los levanta, pero a Satanás lo aplasta.

Lucas 10:18 (NTV)
Sí; les dijo.
Vi a Satanás caer del cielo como un rayo.

Romanos 16:20 (NTV)
El Dios de paz pronto aplastará a Satanás
bajo los pies de ustedes.
Que la gracia de nuestro Señor Jesús sea con ustedes.

Mateo 22:44 (NTV)
El Señor le dijo a mi Señor:
"Siéntate en el lugar de honor a mi derecha,
hasta que humille a tus enemigos
y los ponga por debajo de tus pies".

DIOS ME DICE HOY:
_____
_____

El problema a resolver en esta generación es que tiene mucha información, pero poca formación. Tiene ministerio, pero carece de carácter.

1 Tesalonicenses 5:11 (NTV)
Así que aliéntense y edifíquense unos a otros, tal como ya lo hacen.

Proverbios 3:11 (NTV)
Hijo mío, no rechaces la disciplina del Señor, ni te enojes cuando te corrige.

Proverbios 1:7 (NTV)
El temor del Señor es la base del verdadero conocimiento, pero los necios desprecian la sabiduría y la disciplina.

DIOS ME DICE HOY:
_____

_____

Prefiero caer en la presencia de Dios, que caer en pecado.

Salmos 118:13 (RVR1960)
Me empujaste con violencia para que cayese, pero me ayudó Jehová.

DIOS ME DICE HOY:
_____

_____

_____

_____

_____

Deja de quejarte por aquello que crees que te está destruyendo, y en realidad te está formando.

Romanos 5:3 (NTV)
*También nos alegramos al enfrentar pruebas
y dificultades porque sabemos
que nos ayudan a desarrollar resistencia.*

DIOS ME DICE HOY:

_____

_____

_____

_____

_____

La fe es como el timón de un avión que, aunque se mira pequeño, puede manejar algo grande.

Números 17:5 (RVR1960)
Y florecerá la vara del varón que yo escoja,
y haré cesar de delante de mí
las quejas de los hijos de Israel
con que murmuran contra vosotros.

DIOS ME DICE HOY:

_____

_____

_____

_____

_____

Cuando tú estás convencido de la unción que cargas, cada batalla que enfrentas es una oportunidad para convertirte en un guerrero Indetenible.

Hechos 10:38 (RVR1960)
*Cómo Dios ungió con el Espíritu Santo
y con poder a Jesús de Nazaret,
y cómo éste anduvo haciendo bienes
y sanando a todos los oprimidos por el diablo,
porque Dios estaba con él.*

DIOS ME DICE HOY:

_____

_____

_____

_____

_____

Si vas a creer en alguien, asegúrate que sea Dios.

Salmos 118:8 (RVR1960)
Mejor es confiar en Jehová,
que confiar en el hombre.

D<small>IOS ME DICE HOY:</small>

_____

_____

_____

_____

_____

Aquello que Satanás usó para querer destruirte,
es lo que Dios usará como plataforma para llevarte
a otro nivel de Gloria.

Mateo 4:4 (RVR1960)
Él respondió y dijo: Escrito está:
No sólo de pan vivirá el hombre,
sino de toda palabra que sale de la boca de Dios.

DIOS ME DICE HOY:

_____

_____

_____

_____

_____

Servir en el reino de Dios no es ser un esclavo, es una actitud de un corazón agradecido.

Salmos 101:6 (RVR1960)
Mis ojos pondré en los fieles de la tierra,
para que estén conmigo;
el que ande en el camino de la perfección,
éste me servirá.

Hechos 20:19 (RVR1960)
Sirviendo al Señor con toda humildad,
y con muchas lágrimas,
y pruebas que me han venido
por las asechanzas de los judíos.

DIOS ME DICE HOY:

_____

_____

_____

Prefiero ser esclavo de Cristo que esclavo del pecado. La razón es: porque en Cristo encuentro salvación, el pecado sólo da perdición.

Romanos 6:6 (RVR1960)
Sabiendo esto,
que nuestro viejo hombre fue crucificado
juntamente con él, para que el cuerpo del pecado
sea destruido, a fin de que no sirvamos más al pecado.

1 Corintios 7:22 (NTV)
Y recuerda:
si eras un esclavo cuando el Señor te llamó,
ahora eres libre en el Señor;
y si eras libre cuando el Señor te llamó,
ahora eres un esclavo de Cristo.

DIOS ME DICE HOY:
_____
_____

Cuando das frutos, hablas sin necesidad
de abrir la boca.

Mateo 7:20-21 (NTV)

[20] *Así es, de la misma manera que puedes
identificar un árbol por su fruto,
puedes identificar a la gente por sus acciones.*
[21] *No todo el que me llama: "¡Señor, Señor!"
entrará en el reino del cielo.
Sólo entrarán aquellos que verdaderamente
hacen la voluntad de mi Padre que está en el cielo.*

1 Juan 3:18 (NTV)

*Queridos hijos,
que nuestro amor no quede sólo en palabras;
mostremos la verdad por medio de nuestras acciones.*

DIOS ME DICE HOY:

_____

_____

La familia no es una empresa,
pero debemos de invertir en ella.

Josué 24:15 (NVI)
Pero, si a ustedes les parece mal servir al Señor,
elijan ustedes mismos a quiénes van a servir:
a los dioses que sirvieron sus antepasados
al otro lado del río Éufrates,
o a los dioses de los amorreos,
en cuya tierra ustedes ahora habitan.
Por mi parte, mi familia y yo serviremos al Señor.

DIOS ME DICE HOY:

_____

_____

_____

_____

_____

Tener dominio propio, no es controlar a quien te queda de frente, sino a ti mismo.

2 Timoteo 1:7 (RVR1960)
Porque no nos ha dado Dios espíritu de cobardía, sino de poder, de amor y de dominio propio.

Dios me dice hoy:

_____

_____

_____

_____

_____

"Aleja de ti todo lo que te aleja de Dios".

Proverbios 28:13 (NTV)
*Los que encubren sus pecados no prosperarán,
pero si los confiesan y los abandonan,
recibirán misericordia*

DIOS ME DICE HOY:

_____

_____

_____

_____

_____

Para ver la presencia de Dios, primero debes olvidarte de la tuya.

Éxodo 33:15 (RVR1960)
Y Moisés respondió:
Si tu presencia no ha de ir conmigo,
no nos saques de aquí.

DIOS ME DICE HOY:

_____

_____

_____

_____

_____

Cuando aprendas a enfrentar tu mayor debilidad y vencerla, darás pasos para Dios revelar tu mayor Fortaleza.

2 Corintios 12:9 (NTV)
Cada vez él me dijo:
«Mi gracia es todo lo que necesitas;
mi poder actúa mejor en la debilidad».
Así que ahora me alegra jactarme de mis debilidades,
para que el poder de Cristo pueda actuar
a través de mí.

DIOS ME DICE HOY:

_____

_____

_____

_____

_____

Asegúrate que los errores del pasado, no se conviertan en los obstáculos del presente.

Isaías 43:25 (NVI)
Yo soy el que por amor a mí mismo
borra tus transgresiones
y no se acuerda más de tus pecados.

DIOS ME DICE HOY:

_____

_____

_____

_____

_____

Si sientes que cada vez que lo intentas fracasas,
aférrate a Dios; él nunca ha fracasado.

Salmos 71:5 (NTV)
Oh Señor, sólo tú eres mi esperanza;
en ti he confiado, oh Señor, desde mi niñez.

DIOS ME DICE HOY:
_____

_____

_____

_____

_____

Cuando te rechacen, no te sientas mal, la gente acostumbra rehusar comprar el producto más caro y valioso.

Proverbios 31:10 (NVI)
Mujer ejemplar ¿dónde se hallará?
¡Es más valiosa que las piedras preciosas!

Lucas 10:16 (NVI)
"El que los escucha a ustedes, me escucha a mí;
el que los rechaza a ustedes, me rechaza a mí;
y el que me rechaza a mí, rechaza al que me envió".

DIOS ME DICE HOY:

_____

_____

_____

Lo que Dios decidió promover; no hay faraón que lo detenga, no hay cisterna que lo retenga y no hay horno de fuego que lo apague.

Éxodo 14:16-18 (RVR1960)

[16]Y tú alza tu vara, y extiende tu mano sobre el mar, y divídelo, y entren los hijos de Israel por en medio del mar, en seco.
[17] Y he aquí, yo endureceré el corazón de los egipcios para que los sigan; y yo me glorificaré en Faraón y en todo su ejército, en sus carros y en su caballería;
[18] y sabrán los egipcios que yo soy Jehová, cuando me glorifique en Faraón, en sus carros y en su gente de a caballo.

DIOS ME DICE HOY:

_____

_____

_____

La mejor compañía no es cuando estás rodeado de mucha gente, sino cuando estás a solas con Dios.

Lucas 5:16 (RVR1960)
Mas él se apartaba a lugares desiertos, y oraba.

DIOS ME DICE HOY:

_____

_____

_____

_____

_____

No te desanimes porque hayas fracasado alguna vez. Por lo menos ha sido dando pasos hacia delante y no hacia atrás.

Salmos 119:133 (NTV)
*Guía mis pasos conforme a tu palabra,
para que no me domine el mal.*

DIOS ME DICE HOY:

_____

_____

_____

_____

_____

Hay pecados que cuando lo cometemos atrasan el propósito, pero el pedir perdón a Dios nos acelera a nuestro destino profético.

2 Crónicas 7:14 (NTV)
*Pero si mi pueblo, que lleva mi nombre,
se humilla y ora, busca mi rostro
y se aparta de su conducta perversa,
yo oiré desde el cielo, perdonaré sus pecados
y restauraré su tierra.*

Salmos 51:7 (NTV)
*Purifícame de mis pecados,
y quedaré limpio;
lávame, y quedaré más blanco que la nieve.
Devuélveme la alegría;
deja que me goce ahora que me has quebrantado.*

DIOS ME DICE HOY:

_____

_____

Cuando siembras humildad, cosechas exaltación

Proverbios 11:18 (RVR1960)
El impío hace obra falsa;
mas el que siembra justicia tendrá galardón firme.

Dios me dice hoy:

_____

_____

_____

_____

_____

Si siembras una semilla carnal, no esperes
un árbol espiritual.

Mateo 7:18 (RVR1960)
*No puede el buen árbol dar malos frutos,
ni el árbol malo dar frutos buenos.*

DIOS ME DICE HOY:

_____

_____

_____

_____

_____

Cuando alguien te humilla, te coloca en la mejor posición para Dios promoverte y exaltarte.

Proverbios 29:23 (NTV)
*El orgullo termina en humillación,
mientras que la humildad trae honra.*

DIOS ME DICE HOY:

_____

_____

_____

_____

_____

Si vas a construir una visión alta, asegúrate de que Cristo sea el fundamento.

Isaías 28:16 (NTV)
Por lo tanto, esto dice el Señor Soberano:
¡Miren! Pongo una piedra de cimiento en Jerusalén,
una piedra sólida y probada.
Es una preciosa piedra principal sobre la cual se puede
construir con seguridad.
El que crea jamás será sacudido.

D**IOS ME DICE HOY:**

_____

_____

_____

_____

_____

Cuando Dios te prueba es para sacar lo mejor de ti y revelar lo mejor de él.

Éxodo 15:25 (NTV)
Así que Moisés clamó al Señor por ayuda,
y él le mostró un trozo de madera.
Moisés echó la madera al agua,
y el agua se volvió potable.
Fue allí, en Mara, donde el Señor
estableció el siguiente decreto
como una norma para probar la fidelidad del pueblo.

DIOS ME DICE HOY:
_____
_____
_____
_____
_____

La evidencia de que Dios está a tu favor, es que el diablo se levantó en tu contra.

Lucas 22:31 (RVR1960)
Dijo también el Señor:
¡Simón, Simón!,
he aquí Satanás os ha pedido
para zarandearos como a trigo.

DIOS ME DICE HOY:

_____

_____

_____

_____

_____

Los ataques que vienen en tu contra no detienen el propósito de Dios en tu vida. Simplemente provocan que se cumplan con mayor relevancia.

Hechos 12:10 (NTV)
Pasaron el primer puesto de guardia
y luego el segundo y llegaron a la puerta de hierro
que lleva a la ciudad, y esta puerta se abrió
por sí sola frente a ellos.
De esta manera cruzaron la puerta
y empezaron a caminar por la calle,
y de pronto el ángel lo dejó.

DIOS ME DICE HOY:

_____

_____

_____

_____

_____

Si el enemigo te ha quitado algo que es tuyo, tú tienes el derecho legal de arrebatárselo porque a él no le pertenece.

Mateo 13:19 (RVR1960)
Cuando alguno oye la palabra del reino
y no la entiende, viene el malo,
y arrebata lo que fue sembrado en su corazón.
Éste es el que fue sembrado junto al camino.

DIOS ME DICE HOY:

_____

_____

_____

_____

_____

El tamaño del gigante que te toque enfrentar, determina el tamaño del próximo nivel hacia donde Dios te lleva. **"Promoción, expansión y recompensa"**

1 Crónicas 20:6-8 (RVR1960)
[6] Y volvió a haber guerra en Gat, donde había un hombre de grande estatura, el cual tenía seis dedos en pies y manos, veinticuatro por todos; y era descendiente de los gigantes.
[7] Este hombre injurió a Israel, pero lo mató Jonatán, hijo de Simea hermano de David.
[8] Estos eran descendientes de los gigantes en Gat, los cuales cayeron por mano de David y de sus siervos.

DIOS ME DICE HOY:

_____

_____

_____

Tu mejor momento para demostrar que realmente amas a Dios, es en tu peor crisis.

Éxodo 5:1 (RVR1960)
Después Moisés y Aarón entraron a la presencia de Faraón
y le dijeron: Jehová el Dios de Israel dice así:
"Deja ir a mi pueblo a celebrarme fiesta en el desierto".

DIOS ME DICE HOY:

_____

_____

_____

_____

_____

Nunca cambies la presencia de Dios por la de los hombres, tampoco cambies la unción por emociones, mucho menos cambies la fe por la lógica.

En ocasiones he escuchado personas decir que el enemigo de la fe es la duda, pero en realidad uno de los enemigos primordiales de la fe es la vista, ya que la lógica necesita ver para explicar las cosas sobrenaturales que suceden en nuestras vidas.

Hebreos 11:1(RVR1960)
"Es pues la fe la certeza de lo que se espera
*y la convicción de lo que **no se ve**".*

Si dice que no se ve, es porque no se necesita vista para percibirlo, entenderlo o explicarlo; en otras palabras: la lógica revela lo que se ve, y la fe materializa a lo físico lo que no se ve.

Júntate con personas que tengan fe, porque ellos podrán ver en ti lo que tú con tus ojos físicos nunca lograrás descubrir.

Cuando la unción está en ti, no importan los demonios que vengan contra ti.

Esta frase la recibí, basada en una experiencia ministrando en México; donde un demonio entró en el cuerpo de una mujer, y al acelerar sus pasos corrió a la plataforma donde me encontraba predicando; y los demonios gritaban: "Te voy a matar, te voy a matar". Y con su dedo acusador me señalaba al pecho y a la cara, pero sin poder tocarme. Como consecuencia de esas amenazas, el Espíritu Santo se activó sobre mí y soplé sobre aquel cuerpo endemoniado, e inmediatamente resultó ungida por el poder de Dios y al caer al piso quedó libre en el nombre de Jesús. Ya después de ser libre, en ese mismo instante, fue bautizada con el Espíritu Santo y fuego.
Cuando la unción está en ti, no importa los demonios que vengan contra ti.

DIOS ME DICE HOY:

_____

_____

Cristo dejó la tumba vacía para llenar nuestro Corazón vacío.

La tumba donde colocaron el cuerpo de Jesús simplemente fue un lugar de hospedaje; ya que él mismo había declarado en qué lugar iba a revivir y a habitar: "En nuestro corazón".

Juan 14:17 (RVR1960)

*El Espíritu de verdad, al cual el mundo no puede recibir, porque no le ve, ni le conoce; pero vosotros le conocéis, porque mora con vosotros, y estará **en** vosotros.*

La palabra **en** significa: **Dentro.**
Así que, no hay necesidad de buscarlo en la tumba, sino de descubrirlo dentro de nosotros mismos. Ahora no estamos vacíos sino llenos de su amor, su bondad y misericordia.

Cristo dejó la tumba vacía, para llenar nuestro corazón vacío.

El diablo no halla qué hacer, con alguien que sabe darle uso a lo que Dios le ha entregado.

Jesús, al igual que tú y que yo, también fue tentado por Satanás; sin embargo, cada tentación fue una victoria para ÉL y una derrota para Satanás.
Esto me da a entender que Jesús tuvo revelación de lo que Dios le depositó y supo valorarlo y desarrollarlo.
Cuando tú tienes revelación de lo que Dios ha depositado sobre ti, el diablo no halla que ingeniar, con alguien que sabe aprovechar lo que el Padre le ha cedido.

Mateo 4:10-11(RVR1960)
¹⁰ Entonces Jesús le dijo: Vete, Satanás, porque escrito está: Al Señor tu Dios adorarás, y a él sólo servirás.
¹¹ El diablo entonces le dejó; y he aquí vinieron ángeles y le servían.

DIOS ME DICE HOY:
_____

Cuando sientes temor por las amenazas del diablo,
es una señal que le estás dando la razón.

Nunca recibas acusaciones de alguien
que es un delator.

Zacarias 3:1,4 (RVR1960)
¹ Me mostró al sumo sacerdote Josué,
el cual estaba delante del ángel de Jehová,
y Satanás estaba a su mano derecha para acusarle.
⁴ dice: Y habló el ángel, y mandó a los que estaban
delante de él, diciendo: Quitadle esas vestiduras viles.
Y a él le dijo: Mira que he quitado de ti tu pecado,
y te he hecho vestir de ropas de gala.

En otras palabras: Dios te ha dado la razón de ser.
De bastardo pasaste a ser hijo de Dios, de pecador a
alguien que ha sido redimido por la sangre de Jesús.
Cuando Satanás te acuse en tus pensamientos,
recuérdale que Dios sabe la razón por la que lo
sacaron a él del cielo, y también sabe la razón por la
que nos introdujeron a ti y a mí en el propósito
divino con el Dios del cielo.

Mientras te vacías de ti mismo; es cuando Dios te llena más de él.

Jesús dijo:
Lucas 9:23(RVR1960)
Y decía a todos: Si alguno quiere venir en pos de mí,
niéguese a sí mismo,
tome su cruz cada día, y sígame.

No puedes seguir a Jesús cuando sigues tu propio yo.

Negarse significa: Vaciarme de mí mismo, para llenarme de él.

Dios me dice hoy:

_____

_____

_____

_____

_____

La desgracia más grande es no aceptar la Gracia de Cristo en nuestras vidas.

2 Corintios 12:9 (RVR1960)
*Y me ha dicho: **bástate mi gracia;**
porque mi poder se perfecciona en la debilidad.
Por tanto, de buena gana me gloriaré
más bien en mis debilidades, para que repose sobre mí
el poder de Cristo.*

Bástate significa: Depende de mi gracia, te dice el señor, aférrate a mi gracia, acepta mi gracia, en otras palabras: depende de mi poder. Cuando aceptas su gracia, estás diciendo: dejo mi voluntad a un lado para depender de tu voluntad absoluta. ¿Sabes por qué? Porque la desgracia más grande es no aceptar la Gracia de Cristo en nuestras vidas.

DIOS ME DICE HOY:
_____
_____

Si quieres ir más profundo, despídete de la orilla

Mateo 14:22 (RVR1960)
*Enseguida, Jesús hizo a sus discípulos
entrar en la barca e ir delante de él a la otra ribera,
entre tanto que él **despedía a la multitud**.*

Muchos no entrarán contigo a la profundidad porque están conformes en la orilla, pero si eres conformista es porque tus ojos están acostumbrados a ver lo mismo, despídete de la gente fracasada porque nada aporta en tu vida, despídete de la gente que duda, porque en vez de sumar restan a tu milagro, despídete de los chismosos porque te pueden convertir en uno. Decídete ir más allá para ver como Jesús camina sobre lo imposible.
**Si quieres ir más profundo,
despídete de la orilla.**

DIOS ME DICE HOY:
_____

_____

Tu talento determina lo que eres capaz de hacer, pero el don de Dios sobre tu vida, revela lo que Dios hará a través de ti.

Con el talento cantas, con el don adoras. Con el talento hablas bonito, pero con el don transformas las vidas cuando hablas. Con el talento impresionas a la gente, pero con el don conquistas el Corazón de Dios. ¿Sabes por qué? Porque tu talento determina lo que eres capaz de hacer, pero el don de Dios sobre tu vida, revela lo que Dios hará a través de ti.

Efesios 3:7 (RVR1960)
Del cual yo fui hecho ministro por el don de la gracia de Dios que me ha sido dado según la operación de su poder.

Santiago 1:17 (NVI)
Toda buena dádiva y todo don perfecto descienden de lo alto, donde está el Padre que creó las lumbreras celestes, y que no cambia como los astros ni se mueve como las sombras.

Recibir la unción es gratis, pero tendrás que pagar un alto precio para desarrollarla y mantenerla.

Salmos 45:7 (NVI)
Tú amas la justicia y odias la maldad;
por eso Dios te escogió a ti y no a tus compañeros,
¡tu Dios te ungió con perfume de alegría!

DIOS ME DICE HOY:

_____

_____

_____

_____

_____

La salvación es como un regalo que, si no lo cuidas, lo pierdes

Hebreos 2:3 (NVI)
¿Cómo escaparemos nosotros
si descuidamos una salvación tan grande?
Esta salvación fue anunciada primeramente
por el Señor,
y los que la oyeron nos la confirmaron.

DIOS ME DICE HOY:

_____

_____

_____

_____

_____

Tu victoria inicia desde el día que dejas de tener duda y comienzas a tener fe.

Hebreos 11:6 (NTV)
De hecho, sin fe es imposible agradar a Dios.
Todo el que desee acercarse a Dios
debe creer que él existe y que él recompensa
a los que lo buscan con sinceridad.

DIOS ME DICE HOY:

_____

_____

_____

_____

_____

Hay situaciones difíciles que Dios permite
intencionalmente, para llevarte al propósito.

Daniel 3:19 (RVR1960)
Entonces Nabucodonosor se llenó de ira,
y se demudó el aspecto de su rostro
contra Sadrac, Mesac y Abed-nego,
*y ordenó que el **horno se calentase***
siete veces más de lo acostumbrado.

Dios podía apagar el horno de fuego en un solo
instante, en el momento que introdujeron a los tres
jóvenes hebreos. Pero el propósito de Dios era
demostrar que no importa que tan fuerte arda
tu situación o dificultad, él es el único que puede
hacerte sobrevivir en medio del caos.

DIOS ME DICE HOY:

_____

_____

_____

Una Meta fuera de lo común, demandará de una fe fuera de lo común para alcanzarla.

Hebreos 11:32-34 (NTV)

32 ¿Cuánto más les tengo que decir?
Se necesitaría demasiado tiempo
para contarles acerca de la fe
de Gedeón, Barac, Sansón, Jefté, David, Samuel
y todos los profetas.
33 Por la fe esas personas conquistaron reinos,
gobernaron con justicia y recibieron lo que Dios
les había prometido. Cerraron bocas de leones,
34 apagaron llamas de fuego y escaparon de morir
al filo de espada. Su debilidad se convirtió en fortaleza.
Llegaron a ser poderosos en batalla
e hicieron huir a ejércitos enteros.

DIOS ME DICE HOY:
_____

_____

El envidioso siempre estará atento de tu éxito, así como los escribas y fariseos de Jesús.

Lucas 6:7 (NTV)
*Los maestros de la ley religiosa
y los fariseos vigilaban a Jesús de cerca.
Si sanaba la mano del hombre, tenían pensado
acusarlo por trabajar en el día de descanso.*

DIOS ME DICE HOY:

_____

_____

_____

_____

_____

Cuando no conoces tu propósito, es porque careces
de visión. Visión es conocer con anticipación
mi asignación en la tierra.

Hechos 9:8 (NTV)
Saulo se levantó del suelo,
pero cuando abrió los ojos, estaba ciego.
Entonces sus acompañantes lo llevaron
de la mano hasta Damasco.

2 Corintios 4:18 (RVR1960)
No mirando nosotros las cosas que se ven,
sino las que no se ven; pues las cosas que se ven son
temporales, pero las que no se ven son eternas.

Juan 17:24 (NTV)
Padre, quiero que los que me diste estén conmigo
donde yo estoy. Entonces podrán ver
toda la gloria que me diste, porque me amaste
aun antes de que comenzara el mundo.

DIOS ME DICE HOY:
_____

Si deseas saber cuál es tu propósito en la vida, procura conocer quién te asignó.

Isaías 43:1 (NTV)
Pero ahora, oh Jacob,
escucha al Señor, quien te creó.
Oh Israel, el que te formó dice:
No tengas miedo, porque he pagado tu rescate;
te he llamado por tu nombre; eres mío.

DIOS ME DICE HOY:

_____

_____

_____

_____

_____

La humildad debe ser la meta a alcanzar, y el orgullo, el propósito a dejar.

Proverbios 11:2 (NTV)
El orgullo lleva a la deshonra,
pero con la humildad viene la sabiduría.

DIOS ME DICE HOY:

_____

_____

_____

_____

_____

Trabaja arduamente con lo poco que tienes, y podrás alcanzar todo lo que te hace falta.

Mateo 25:23 (NTV)
El amo dijo: "Bien hecho, mi buen siervo fiel.
Has sido fiel en administrar esta pequeña cantidad,
así que ahora te daré muchas más responsabilidades.
¡Ven a celebrar conmigo!".

DIOS ME DICE HOY:

_____

_____

_____

_____

_____

Los hijos de Dios, hasta cuando pierden, ganan:
si se caen, aprenden cómo levantarse, si fracasan
descubren cómo intentarlo con más inteligencia.
Incluso, cuando el diablo los calla, su respirar emite
una alabanza.

Esta frase me conecta con Jesús en la cruz, cuando
muchos pensaron que estaba muriendo, estaba
dándole vida a la humanidad, y cuando pensaron que
ya estaba sepultado, en realidad se estaba
preparando para resucitar y levantar a otros.
Aun cuando piensas que pierdes, ganas.

2 Corintios 4:8-9 (RVR1960)
[8] Que estamos atribulados en todo,
mas no angustiados; en apuros,
mas no desesperados;
[9] perseguidos, mas no desamparados;
derribados, pero no destruidos.

DIOS ME DICE HOY:

Si Dios me trajo a esta vida para cumplir un propósito, prefiero irme vacío que quedarme lleno. Sería un verdadero fracaso llevarme al cielo lo que debí dejar en la tierra.

Jesús es el gran ejemplo a seguir. Cuando miramos detenidamente, observamos el costado de Jesús. Agua y sangre salió de su costado.

A eso llegó Jesús a la tierra; a vaciar en toda la humanidad lo que llevaba por dentro.

Juan 19:34(RVR1960)
Pero uno de los soldados le abrió el costado con una lanza, y al instante salió sangre y agua.

DIOS ME DICE HOY:

_____

_____

_____

La persona más pobre en la vida no es el que no tiene dinero, si no aquel que teniendo propósito no lo ha puesto a producir

Proverbios 15:16 (RVR1960)
Mejor es lo poco con el temor de Jehová, que el gran tesoro donde hay turbación.

Mateo 19:21 (RVR1960)
Jesús le dijo: Si quieres ser perfecto, anda, vende lo que tienes, y dalo a los pobres, y tendrás tesoro en el cielo; y ven y sígueme.

En otras palabras: Tu meta puede ser tener mucho dinero, pero el propósito de Dios puede llegar a ser dar todo lo que tiene a los pobres.

Dios me dice hoy:

_____

_____

_____

Sueño es lo que podemos imaginar que el diablo no se imagina.

Decía en una ocasión predicando: Satanás puede escuchar cuando hablas, puede leer tus labios cuando susurras, pero no puede meterse en tus sueños.

En otras palabras: la pesadilla para Satanás son los sueños de Dios en tus sueños. Y por si faltara algo; Dios sueña en grande.

Joel 2:28 (RVR1960)
Y después de esto derramaré mi Espíritu
sobre toda carne, y profetizarán vuestros hijos
y vuestras hijas; vuestros ancianos soñarán sueños,
y vuestros jóvenes verán visiones.

DIOS ME DICE HOY:

_____

_____

Alguien dijo en una ocasión: Soñar no cuesta nada. El problema es que a muchos les cuesta cerrar sus ojos carnales y abrir sus ojos espirituales.

En otras palabras: al soñar, cuesta cerrar los ojos físicos y abrir los ojos espirituales.

1 Corintios 2:14 (RVR1960)
Pero el hombre natural no percibe las cosas que son del Espíritu de Dios, porque para él son locura, y no las puede entender, porque se han de discernir espiritualmente.

DIOS ME DICE HOY:

_____

_____

_____

_____

No te detengas a escuchar un fariseo, ellos sólo entretienen tus sueños para que no se cumplan.

Marcos 8:11 (NVI)
Llegaron los fariseos y comenzaron a discutir con Jesús. Para ponerlo a prueba, le pidieron una señal del cielo.

Proverbios 23:1 (NVI)
Cuando te sientes a comer con un gobernante, fíjate bien en lo que tienes ante ti.

DIOS ME DICE HOY:

_____

_____

_____

_____

Cuando más intensa es la oposición, es cuando más cerca está de cumplirse el sueño de Dios en tu vida.

Daniel 3:19 (NVI)

Ante la respuesta de Sadrac, Mesac y Abednego, Nabucodonosor se puso muy furioso y cambió su actitud hacia ellos. Mandó entonces que se calentara el horno siete veces más de lo normal.

DIOS ME DICE HOY:

_____

_____

_____

_____

_____

Si te aferras al pasado, tú mismo te descalificas
para tu destino

Salmos 25:7 (NVI)
*olvida los pecados y transgresiones
que cometí en mi juventud.
Acuérdate de mí según tu gran amor,
porque tú, Señor, eres bueno.*

D<small>IOS ME DICE HOY</small>:

_____

_____

_____

_____

_____

La gente no define quién eres tú, sino el sueño que Dios puso dentro de ti.

Mateo 3:17 (NVI)
Y una voz del cielo decía:
«Éste es mi Hijo amado;
estoy muy complacido con él».

La gente decía de Jesús: "es el hijo del carpintero", Bartimeo el ciego dijo: "hijo de David". Pero el mismo Dios dijo: "este es mi Hijo amado en quien tengo complacencia". Porque la gente no define quién eres tú, sino el sueño que Dios puso dentro de ti.

DIOS ME DICE HOY:

_____

_____

_____

Si Dios demanda mucho de ti, es porque él puso mucho propósito en Ti.

Santiago 4:5 (RVR1960)
¿O pensáis que la Escritura dice en vano:
El Espíritu que él ha hecho morar en nosotros
nos anhela celosamente?

DIOS ME DICE HOY:

_____

_____

_____

_____

_____

Cuando las personas se alejen de ti, déjalos ir, pues ellos van a su destino y tú al tuyo.

Esto lo aprendí de Lot y Abraham. Uno de ellos escogió la llanura, y el otro seleccionó ir a la montaña.

Génesis 13:14-16

*14 Y Jehová dijo a Abraham,
después que Lot se apartó de él:
Alza ahora tus ojos, y mira desde el lugar donde estás
hacia el norte y el sur, y al oriente y al occidente.
15 Porque toda la tierra que ves, la daré a ti
y a tu descendencia para siempre.
16 Y haré tu descendencia como el polvo de la tierra;
que si alguno puede contar el polvo de la tierra, también tu descendencia será contada.*

DIOS ME DICE HOY:

_____

_____

Tu proceso no afecta tu destino, lo hace
más productivo

Juan 12:24 (RVR1960)
*De cierto, de cierto os digo, que si el grano de trigo
no cae en la tierra y muere, queda solo;
pero si muere, lleva mucho fruto.*

Jesús dijo de la fe: que la única forma para que ésta
lleve mucho fruto es que debe pasar por un proceso
de muerte primero, pero que termina siendo un
árbol gigante donde otros pajaritos harán nido y que
a otros le beneficiará su sombra. Dios te está
diciendo: Todo lo que tengas que pasar será
necesario para llegar a tu destino, aun cuando maten
las ganas de lograrlo, es ahí donde todo se comienza
a preparar para llevar mucho fruto.

DIOS ME DICE HOY:

_____

_____

No es lo que sucede lo que cambia lo que eres, es lo que eres lo que afectará lo que va a suceder.

A José no lo cambió la cisterna, tampoco el hecho de que lo vendieran, mucho menos que lo metieran en la cárcel.

Nota algo: siguió siendo un soñador.

Génesis 39:23 (RVR1960)
No necesitaba atender el jefe de la cárcel cosa alguna de las que estaban al cuidado de José, porque Jehová estaba con José, y lo que él hacía, Jehová lo prosperaba.

DIOS ME DICE HOY:

_____

_____

_____

_____

Cuando Dios te llama, te prepara; cuando te prepara, te está equipando; y cuando te equipa, te envía para vencer y no para ser vencido.

Jeremías 1:6-7 (RVR1960)

⁶ Y yo dije: !Ah! !Ah! !Señor Jehová!
He aquí, no sé hablar, porque soy niño.
⁷ Y me dijo Jehová: No digas: Soy un niño;
porque a todo lo que te envíe irás tú,
y dirás todo lo que te mande.

Jeremías 1:19 (RVR1960)

Y pelearán contra ti, pero no te vencerán;
porque yo estoy contigo, dice Jehová, para librarte.

DIOS ME DICE HOY:

_____

_____

_____

_____

El proceso es la antesala a tu destino profético

Apocalipsis 2:11 (RVR1960)
El que tiene oído, oiga lo que el Espíritu dice
a las iglesias.
El que venciere, no sufrirá daño de
la segunda muerte.

Apocalipsis 3:5 (RVR1960)
El que venciere será vestido de vestiduras blancas;
y no borraré su nombre del libro de la vida,
y confesaré su nombre delante de mi Padre,
y delante de sus ángeles.

DIOS ME DICE HOY:

_____

_____

_____

_____

Llegarán ocasiones donde Dios te pedirá que mantengas tu boca cerrada, pero el corazón bien abierto, con tal de no afectar el propósito.

Isaías 53:7 (RVR1960)
Angustiado él, y afligido, no abrió su boca;
como cordero fue llevado al matadero;
y como oveja delante de sus trasquiladores,
enmudeció, y no abrió su boca.

DIOS ME DICE HOY:

_____

_____

_____

_____

_____

Cuando oras por otros, la respuesta que Dios tiene para ti llega por adelantado. En otras palabras: Cuando intercedes por otro, las bendiciones tuyas son desatadas.

2 Corintios 1:11 (RVR1960)
Cooperando también vosotros a favor nuestro con la oración, para que por muchas personas sean dadas gracias a favor nuestro por el don concedido a nosotros por medio de muchos.

DIOS ME DICE HOY:

_____

_____

_____

_____

_____

Vales tanto para Dios; que el precio que el pagó por ti, nadie lo ha podido reemplazar.

1 Corintios 6:20 (RVR1960)
Porque habéis sido comprados por precio;
glorificad, pues, a Dios en vuestro cuerpo
y en vuestro espíritu, los cuales son de Dios.

DIOS ME DICE HOY:

_____

_____

_____

_____

_____

Sabías que Satanás no puede entrar en la mente de Dios, mucho menos interrumpir sus pensamientos. Lo interesante de todo esto es que Dios te tiene en sus pensamientos.

Jeremías 29:11 (RVR1960)
Porque yo sé los pensamientos que tengo acerca de vosotros, dice Jehová, pensamientos de paz, y no de mal, para daros el fin que esperáis.

En otras palabras: Si Dios ya determinó tu final, Satanás y tus enemigos no podrán detener tu principio, aunque éste fuera pequeño.

DIOS ME DICE HOY:

_____

_____

_____

_____

Hay personas que Dios permite que pasen por nuestras vidas para aprender a no imitar su mal carácter.

1 Corintios 15:33 (NTV)
No se dejen engañar por los que dicen semejantes cosas, porque «las malas compañías corrompen el buen carácter».

Proverbios 12:26 (NTV)
Los justos dan buenos consejos a sus amigos, los perversos los llevan por mal camino.

DIOS ME DICE HOY:

_____

_____

_____

_____

_____

El don te abre muchas puertas, pero el carácter
te las mantendrá abiertas.

Mateo 10:16 (NTV)
Miren, los envío como ovejas en medio de lobos.
Por lo tanto, sean astutos como serpientes
e inofensivos como palomas.

DIOS ME DICE HOY:

_____

_____

_____

_____

_____

Lo bueno de un proceso difícil, es que dejamos de mirarnos a nosotros mismos y comenzamos a depender de Dios.

David lo dijo de esta manera:

Salmos 121:1-2
1 Alzaré mis ojos a los montes;
¿De dónde vendrá mi socorro?
2 Mi socorro viene de Jehová,
que hizo los cielos y la tierra.

Dios me dice hoy:

_____

_____

_____

_____

_____

Dios no te asegura que no pasarás por pruebas, pero sí te promete que no las pasarás solo.

Mateo 28:20 (NTV)
Enseñen a los nuevos discípulos a obedecer todos los mandatos que les he dado.
Y tengan por seguro esto: que estoy con ustedes siempre, hasta el fin de los tiempos.

DIOS ME DICE HOY:

_____

_____

_____

_____

_____

No eres tú quien tiene propósito con Dios, es Dios quien tiene propósito contigo. En otras palabras: Cuando tú te olvidas de Dios, él no se olvida de ti, **porque no eres tú quien tiene propósito con Dios, es Dios quien tiene propósito contigo**.

Salmos 138:8 (RVR1960)
Jehová cumplirá su propósito en mí;
tu misericordia, oh Jehová, es para siempre;
no desampares la obra de tus manos.

DIOS ME DICE HOY:

_____

_____

_____

_____

_____

No ores para que Dios destruya tus angustiadores, porque ellos son los que colaboran para que los sueños que él te dio, se cumplan.

Salmos 23:5 (NTV)
Me preparas un banquete en presencia
de mis enemigos.
Me honras ungiendo mi cabeza con aceite.
Mi copa se desborda de bendiciones.

DIOS ME DICE HOY:

_____

_____

_____

_____

_____

El misterio para lograr desarrollar una visión no es tener un objeto, sino un objetivo. Los que tienen un objetivo claro, el Diablo no los usa como objetos, porque ven por adelantado su destino profético.

Lucas 4:8 (RVR1960)
Respondiendo Jesús, le dijo:
Vete de mí, Satanás, porque escrito está:
Al Señor tu Dios adorarás, y a él solo servirás.

DIOS ME DICE HOY:
_____
_____
_____
_____
_____

El enemigo que no se puede vencer,
es el que **NO EXISTE**.

En otras palabras: Todo lo que existe que te hace la
guerra, es porque existe una forma para salir
victorioso.

La Biblia dice:

Romanos 8:37 (RVR1960)
*Antes, en todas estas cosas somos más que vencedores
por medio de aquel que nos amó.*

DIOS ME DICE HOY:

_____

_____

_____

_____

_____

Deja de preocuparte por el don que otro tiene, y preocúpate en adquirir el don que a ti te hace falta.

Esto lo pude aprender de la historia del Rey Saúl y el Rey David. Saúl se preocupó tanto por la victoria de David que eso lo llevó a vivir en un continuo fracaso. **Deja de preocuparte por el don que otro tiene, y preocúpate en desarrollar o adquirir el don que a ti te hace falta.**

Colosenses 4:17 (RVR1960)
Decid a Arquipo: Mira que cumplas el ministerio que recibiste en el Señor.

Gálatas 5:26 (RVR1960)
No nos hagamos vanagloriosos, irritándonos unos a otros, envidiándonos unos a otros.

DIOS ME DICE HOY:
_____
_____

Mis enemigos sólo provocan que me haga
más amigo de Dios.

Jesús es ese gran ejemplo de cercanía hacia su padre.
Mientras estuvo ejerciendo su ministerio en la tierra,
tuvo tantos enemigos que eso sólo provocó que se
acercara más a Dios. De hecho; hoy en día sigue a la
diestra del Padre. Algo sorprendente sucedió cuando
Judas Iscariote le buscaba para entregarlo, tuvieron
que buscarlo donde acostumbraba hablar con Dios.
Mis enemigos sólo provocan que me haga más amigo
de Dios. Ellos tendrán que encontrarte donde ya
tuviste un encuentro con Dios.

Juan 18:3-5 (RVR1960)
[3] *Judas, pues, tomando una compañía de soldados, y
alguaciles de los principales sacerdotes y de los
fariseos, fue allí con linternas y antorchas, y con
armas.* [4] *Pero Jesús, sabiendo todas las cosas que le
habían de sobrevenir, se adelantó y les dijo: ¿A quién
buscáis?* [5] *Le respondieron: A Jesús nazareno.
Jesús les dijo: Yo soy. Y estaba también con ellos Judas,
el que le entregaba.*

Si quieres saber quién en realidad es tu enemigo, hazte amigo de Dios, él realmente los conoce a todos.

Cuando en el tiempo del profeta Eliseo, sus enemigos habían puesto precio a su cabeza, Dios le reveló al profeta por donde exactamente el enemigo planeaba hacerle una emboscada. **Si quieres saber quién en realidad es tu enemigo, hazte amigo de Dios, él realmente los conoce a todos.**

2 Reyes 6:12 (RVR1960)
Entonces uno de los siervos dijo:
No, rey señor mío,
sino que el profeta Eliseo está en Israel,
el cual declara al rey de Israel las palabras
que tú hablas en tu cámara más secreta.

DIOS ME DICE HOY:

_____

_____

_____

Hay muchas personas que te descalifican cuando le fallas a Dios o cometes un error. Pero es ahí donde tú calificas para que él te restaurare y perdone.

Jeremías 33:7-9 (RV1960)
[7] Y haré volver los cautivos de Judá
y los cautivos de Israel,
y los restableceré como al principio.
[8] Y los limpiaré de toda su maldad
con que pecaron contra mí; y perdonaré
todos sus pecados con que contra mí pecaron,
y con que contra mí se rebelaron.
[9] Y me será a mí por nombre de gozo, de alabanza
y de gloria, entre todas las naciones de la tierra,
que habrán oído todo el bien que yo les hago;
y temerán y temblarán de todo el bien
y de toda la paz que yo les haré.

DIOS ME DICE HOY:

_____

_____

Airarte hacia algo que aborreces, puede revelarte a lo que tú has sido asignado.

Nuestro director de alabanza en nuestro centro de avivamiento Púa Church en Houston Tx, aborrece la música mal implementada, eso significa que está asignado a dar lo mejor para Dios y con excelencia. Amo el rema y la revelación de la palabra; pero aborrezco la mala interpretación que se tiene al respecto. Amo la predicación de la palabra; pero aborrezco mensajes sin fundamentos. **Airarte hacia algo que aborreces, puede revelarte a lo que tú has sido asignado.** En otras palabras: al descubrir lo que Dios aborrece podrás entender lo que él ama.

Proverbios 6:16-19(RVR1960)
[16]Seis cosas aborrece Jehová,
y aun siete abomina su alma:
[17] Los ojos altivos, la lengua mentirosa,
las manos derramadoras de sangre inocente,
[18] El corazón que maquina pensamientos inicuos,
los pies presurosos para correr al mal,
[19] El testigo falso que habla mentiras,
y el que siembra discordia entre hermanos.

Lo que tus angustiadores llaman el fin de tu asignación, Dios lo llama: un nuevo comienzo.

Hechos 7:55-58 (RVR1960)
*55 Pero Esteban, lleno del Espíritu Santo,
puestos los ojos en el cielo, vio la gloria de Dios,
y a Jesús que estaba a la diestra de Dios,
56 y dijo: He aquí, veo los cielos abiertos,
y al Hijo del Hombre que está a la diestra de Dios.
57 Entonces ellos, dando grandes voces,
se taparon los oídos, y arremetieron a una contra él.
58 Y echándole fuera de la ciudad, le apedrearon;
y los testigos pusieron sus ropas a los pies de un joven
que se llamaba **Saulo.***

Cuando muchos pensaban que todo se terminaba al matar al joven Esteban, en ese mismo momento Dios asignó a Saulo para convertirlo en Pablo. Lo que tu enemigo llama el fin de tu asignación, Dios lo llama: un nuevo comienzo.

DIOS ME DICE HOY:
_____

El diablo sólo ataca aquello que ha nacido
para triunfar.

Moisés recibió severos ataques desde su nacimiento.
Jesús, de igual manera, recibió amenazas de muerte
desde su nacimiento. ¿Por qué? Porque el diablo sólo
ataca aquello que ha nacido para triunfar

Lucas 2:11 (RVR1960)
que os ha nacido hoy, en la ciudad de David,
un Salvador, que es CRISTO el Señor.

DIOS ME DICE HOY:

_____

_____

_____

_____

_____

El ataque del enemigo en tu contra, te revela, que lo que tú cargas, es capaz no sólo de vencerlo, sino "de destruirlo por completo"

1 Pedro 5:8 (RVR1960)
Sed sobrios, y velad;
porque vuestro adversario el diablo,
como león rugiente,
anda alrededor buscando a quien devorar.

DIOS ME DICE HOY:

_____

_____

_____

_____

_____

Nunca subestimes a tu adversario, porque puede llegar a usar tu ignorancia en tu contra.

2 Corintios 2:11 (RVR1960)
Para que Satanás no gane ventaja alguna sobre nosotros; pues no ignoramos sus maquinaciones.

Lo que Dios te quiere decir en este verso es lo siguiente: Un cristiano con revelación y conocimiento de su adversario, evitará una derrota por adelantado. **Nunca subestimes a tu adversario, porque puede llegar a usar la ignorancia en tu contra.**

Ejemplo: Eva fue destituida del huerto porque ignoró quién en realidad estaba detrás de la serpiente.

DIOS ME DICE HOY:
_____

_____

_____

Cuando sabes quién eres en el reino, y estás convencido de que Dios fue quien te llamó, tú demuestras quién es él y no quién eres tú.

Mateo 3:11 (RV 1960)
Yo a la verdad os bautizo en agua
para arrepentimiento; pero el que viene tras mí,
cuyo calzado yo no soy digno de llevar,
es más poderoso que yo;
él os bautizará en Espíritu Santo y fuego.

DIOS ME DICE HOY:

_____

_____

_____

_____

_____

Tu relación con el Espíritu Santo determinará, cuánto serás usado por Dios.

Lucas 6:12 (RVR1960)
En aquellos días él fue al monte a orar, y pasó la noche orando a Dios.

DIOS ME DICE HOY:
_____
_____
_____
_____
_____

Tus angustiadores no podrán superarte,
cuando ya te has superado a ti mismo.

Salmos 142:7 1960 (RVR1960)
*Saca mi alma de la cárcel,
para que alabe tu nombre;
me rodearán los justos,
porque tú me serás propicio.*

2 Corintios 4:16 (NTV)
*Es por esto que nunca nos damos por vencidos.
Aunque nuestro cuerpo está muriéndose,
nuestro espíritu (Hombre interior)
va renovándose cada día.*

DIOS ME DICE HOY:

_____

_____

_____

_____

Cuando Dios te pide que hagas silencio, es porque él peleará contra tu adversario.

Éxodo 14:14 (RVR1960)
Jehová peleará por vosotros,
y vosotros estaréis tranquilos.

DIOS ME DICE HOY:

_____

_____

_____

_____

_____

Dios sólo tiene comunión con aquellos que están dispuestos a obedecerle.

Mateo 26:39 (NTV)
Él se adelantó un poco más
y se inclinó rostro en tierra mientras oraba:
«¡Padre mío!
Si es posible, que pase de mí esta copa de sufrimiento.
*Sin embargo, **quiero que se haga tu voluntad,***
no la mía».

Dios me dice hoy:

_____

_____

_____

_____

_____

Tu adversario, Satanás, no está en contra de que tú seas bendecido, está en contra de que sea Dios quien te bendiga.

Proverbios 10:22 (RVR1960)
La bendición de Jehová es la que enriquece,
Y no añade tristeza con ella.

DIOS ME DICE HOY:

_____

_____

_____

_____

_____

Palabra de Dios revela de ti, lo que no sabías de ti mismo.

Salmos 119:105 (RVR1960)
*Lámpara es a mis pies tu palabra,
y lumbrera a mi camino.*

DIOS ME DICE HOY:

_____

_____

_____

_____

_____

La llamada que teme más tu adversario, no es cuando llamas al 911, sino cuando llamas a Dios.

Porque cuando él llega, si estás enfermo, te sana; si estás muerto, te da vida; si estás caído, te levanta; si estás en batalla, te defiende y si estás solo, él se queda contigo.

Números 10:9 (RVR1960)
Y cuando saliereis a la guerra en vuestra tierra contra el enemigo que os molestare, tocaréis alarma con las trompetas; y seréis recordados por Jehová vuestro Dios, y seréis salvos de vuestros enemigos.

Dios me dice hoy:

_____

_____

_____

Un conformista sólo habla de lo que está sucediendo.
Un conquistador, de lo que está logrando, viviendo y
hacia donde se aproxima.

Isaías 40:31 (RVR1960)
*Pero los que esperan a Jehová
tendrán nuevas fuerzas;
levantarán alas como las águilas;
correrán, y no se cansarán; caminarán,
y no se fatigarán.*

DIOS ME DICE HOY:

_____

_____

_____

_____

_____

Prefiero no saber para donde voy, y que Dios sepa hacia donde él me lleva.

Génesis 12:1(RVR1960)
Pero Jehová había dicho a Abraham:
vete de tu tierra y de tu parentela,
y de la casa de tu padre,
a la tierra que te mostraré

Juan 3:8 (RVR1960)
El viento sopla de donde quiere,
y oyes su sonido; mas ni sabes de dónde viene,
ni a dónde va; así es todo aquel
que es nacido del Espíritu.

DIOS ME DICE HOY:

_____

_____

_____

Tú no eres cristiano porque eres un santo,
sino porque Jesucristo te perdonó y te redimió
con su sangre.

1 Pedro 2:9 (RVR1960)
*Mas vosotros sois linaje escogido,
real sacerdocio, nación santa,
pueblo adquirido por Dios,
para que anunciéis las virtudes de aquel
que os llamó de las tinieblas a su luz admirable.*

DIOS ME DICE HOY:

_____

_____

_____

_____

_____

Para poder pisar la tierra prometida con la planta de los pies; primero tendrás que llevar tus rodillas al piso. La razón es: porque en el reino de Dios todo se conquista orando.

Deuteronomio 11:24 (RVR1960)
Todo lugar que pisare la planta
de vuestro pie será vuestro;
desde el desierto hasta el Líbano,
desde el río Éufrates hasta el mar occidental
será vuestro territorio.

DIOS ME DICE HOY:

_____

_____

_____

_____

_____

Dios está más interesado en que lo conozcas a él,
a que hables de él.

Salmos 95:6 (RVR1960)
Venid, adoremos y postrémonos;
Arrodillémonos delante de Jehová nuestro Hacedor.

Dios me dice hoy:

_____

_____

_____

_____

_____

Cuando Dios decide llevarte a un nuevo nivel, te quita lo viejo, aun cuando tú no quieres soltarlo.

Romanos 6:6 (RVR1960)
sabiendo esto,
que nuestro viejo hombre fue crucificado
juntamente con él,
para que el cuerpo del pecado
sea destruido, a fin de que
no sirvamos más al pecado.

DIOS ME DICE HOY:

_____

_____

_____

_____

_____

Cuando Dios encuentra la debilidad en mí,
yo descubro la Fortaleza en él

Salmos 73:26 (RVR1960)
Mi carne y mi corazón desfallecen;
mas la roca de mi corazón y
mi porción es Dios para siempre.

Mateo 11:28 (RVR1960)
Venid a mí todos los que estáis trabajados
y cargados, y yo os haré descansar.

DIOS ME DICE HOY:

_____

_____

_____

_____

_____

El ser humano nunca está solo, tiene un espíritu de vida que lo acompaña siempre.

Mateo 18:19 (RVR1960)
*Otra vez os digo, que si dos de vosotros
se pusieren de acuerdo en la tierra
acerca de cualquiera cosa que pidieren,
les será hecho por mi Padre que está en los cielos.*

Tú y el Espíritu Santo ya son dos. Así que: pide lo que quieras, que tu padre que está en los cielos lo concederá. El ser humano nunca está solo, porque está consigo mismo.

DIOS ME DICE HOY:

_____

_____

_____

_____

Debemos escoger amistades que hayan escogido a Dios como su mejor amigo.

Isaías 41:8 *(RVR1960)*
Pero tú, Israel, siervo mío eres;
tú, Jacob, a quien yo escogí,
descendencia de Abraham mi amigo.

Génesis 5:22 *(RVR1960)*
Y caminó Enoc con Dios,
después que engendró a Matusalén,
trescientos años, y engendró hijos e hijas.

DIOS ME DICE HOY:

_____

_____

_____

_____

_____

Dios de la nada crea algo, pero el ser humano sin Dios; con algo, no crea nada.

Juan 3:2 (RVR1960)
Éste vino a Jesús de noche, y le dijo:
Rabí, sabemos que has venido de Dios como maestro;
porque nadie puede hacer estas señales
que tú haces, si no está Dios con él.

Juan 9:6-7(RVR1960)
[6] Dicho esto, escupió en tierra,
e hizo lodo con la saliva,
y untó con el lodo los ojos del ciego,
[7] y le dijo: Ve a lavarte en el estanque de Siloé
(que traducido es, Enviado).
Fue entonces, y se lavó, y regresó viendo.

DIOS ME DICE HOY:

_____

_____

_____

El que tiene carisma busca agradar a la gente, el que tiene la unción busca hacer la Voluntad de Dios.

Gálatas 1:10 (RVR1960)
Pues, ¿busco ahora el favor de los hombres,
o el de Dios? ¿O trato de agradar a los hombres?
Pues si todavía agradara a los hombres,
no sería siervo de Cristo.

DIOS ME DICE HOY:

_____

_____

_____

_____

_____

Tú no puedes pelear contra Satanás que es tu adversario, cuando aún estás en guerra contra tu hermano.

1 Juan 3:15 (RVR1960)
Todo aquel que aborrece a su hermano es homicida; y sabéis que ningún homicida tiene vida eterna permanente en él.

Mateo 12:25 (RVR1960)
Sabiendo Jesús los pensamientos de ellos, les dijo: Todo reino dividido contra sí mismo, es asolado, y toda ciudad o casa dividida contra sí misma, no permanecerá.

DIOS ME DICE HOY:
_____

_____

_____

Así como la tumba donde sepultaron a Jesús,
que era nueva y que nadie la había usado,
Dios te está conservando, no para que el mundo te
use sino para Dios usarte y estrenarte.

Mateo 27:59-60 (NTV)
*[59] José tomó el cuerpo y lo envolvió
en un largo lienzo de lino limpio.
[60] Lo colocó en una tumba nueva,
su propia tumba que había sido tallada en la roca.
Luego hizo rodar una gran piedra
para tapar la entrada y se fue.*

DIOS ME DICE HOY:

_____

_____

_____

_____

Moisés levantó la vara y el mar se dividió, Eliseo golpeó las aguas y éstas se abrieron. Hoy Dios te dice: usa lo que tengas en tus manos para abrir camino y no para cerrarlo.

Éxodo 14:16 (RV1960)
Toma tu vara y extiende la mano sobre el mar.
Divide las aguas para que los israelitas
puedan pasar por en medio del mar,
pisando tierra seca.

2 Reyes 2:14 (RV1960)
Golpeó el agua con el manto de Elías y exclamó:
«¿Dónde está el Señor, Dios de Elías?».
Entonces el río se dividió en dos y Eliseo lo cruzó.

DIOS ME DICE HOY:

_____

_____

_____

A Jesús lo sepultaron solo, pero resucitó acompañado, porque hay descensos que Dios permitirá en tu vida para que levantes a otros.

Lucas23:53 (RV1960)
Luego bajó el cuerpo de la cruz,
lo envolvió en un largo lienzo de lino
y lo colocó en una tumba nueva
que había sido tallada en la roca.

Mateo 27:53 (RV1960)
Salieron del cementerio
luego de la resurrección de Jesús,
entraron en la santa ciudad de Jerusalén
y se aparecieron a mucha gente.

DIOS ME DICE HOY:

_____

_____

_____

Hay personas que te buscarán en el mismo lugar donde te dejaron, pero no te encontrarán, porque Dios te llevó a otra dimensión donde ellos no estaban acostumbrados a verte.

Mateo 28:5-6 (RV1960)
5 Entonces, el ángel les habló a las mujeres:
¡No teman! —dijo—.
Sé que buscan a Jesús, el que fue crucificado.
6 ¡No está aquí! Ha resucitado
tal como dijo que sucedería.
Vengan, vean el lugar donde estaba su cuerpo.

DIOS ME DICE HOY:

_____

_____

_____

_____

_____

Sólo hay uno en la Biblia que Dios no llamó: A Jesús, porque él se ofreció voluntariamente.

Gálatas 1:4 (RV1960)
El cual se dio a sí mismo por nuestros pecados
para librarnos del presente siglo malo,
conforme a la voluntad de nuestro Dios y Padre.

DIOS ME DICE HOY:

_____

_____

_____

_____

_____

Prefiero callar antes que criticar, porque el que tilda cree saberlo todo, el que calla aprende algo nuevo.

Proverbios 17:28 (NTV)
*Hasta los necios pasan por sabios
si permanecen callados; parecen inteligentes
cuando mantienen la boca cerrada.*

DIOS ME DICE HOY:

_____

_____

_____

_____

_____

Debemos ejercer nuestro llamado con lo que Dios nos ha dado, y no con lo que otro quiera colocarnos.

1 Samuel 17:38-39 *(NTV)*
38 Después Saúl le dio a David su propia armadura:
un casco de bronce y una cota de malla.
39 David se los puso, se ciñó la espada
y probó dar unos pasos porque nunca antes
se había vestido con algo semejante.
—No puedo andar con todo esto —le dijo a Saúl—.
No estoy acostumbrado a usarlo.
Así que David se lo quitó.

DIOS ME DICE HOY:

_____

_____

_____

_____

_____

**Las batallas espirituales las pelea Dios,
las tentaciones la rechazamos nosotros.**

2 Timoteo 2:22 (NTV)
*Huye de todo lo que estimule las pasiones juveniles.
En cambio, sigue la vida recta, la fidelidad,
el amor y la paz.
Disfruta del compañerismo de los que invocan
al Señor con un corazón puro.*

DIOS ME DICE HOY:

_____

_____

_____

_____

_____

Fuerte no es aquel que enfrenta a Satanás,
sino aquel que rechaza sus ofertas.

Mateo 26:41 (NVI)
Estén alerta y oren para que no caigan en tentación.
El espíritu está dispuesto,
(a rechazar) pero el cuerpo es débil.

DIOS ME DICE HOY:

_____

_____

_____

_____

_____

Dios pondrá a Goliat en tus manos, cuando tú te pongas en las manos de Dios.

1 Samuel 17:46 (RVR1960)
Jehová te entregará hoy en mi mano,
y yo te venceré, y te cortaré la cabeza,
y daré hoy los cuerpos de los filisteos
a las aves del cielo y a las bestias de la tierra;
y toda la tierra sabrá que hay Dios en Israel.

DIOS ME DICE HOY:

_____

_____

_____

_____

_____

El martillo sólo hará que el clavo esté más seguro.
No te enojes cuando Dios te esté dando martillazos.

Salmos 23:4 (NTV)
Aun cuando yo pase por el valle más oscuro,
no temeré, porque tú estás a mi lado.
Tu vara y tu cayado me protegen y me confortan.

Hebreos 12:6-7 (RVR1960)
Porque el Señor al que ama, disciplina,
Y azota a todo el que recibe por hijo.

DIOS ME DICE HOY:

_____

_____

_____

_____

_____

Dios te conservará como saeta para lanzarte por
encima de aquellos que en algún momento
te cerraron las puertas.

2 Reyes 13:17 (NTV)
Luego le ordenó:
—Abre la ventana que da al oriente.
Él la abrió, y Eliseo le dijo: —¡Dispara!
Así que el rey disparó una flecha
y Eliseo proclamó:
—Esta es la flecha del Señor,
una flecha de victoria sobre Aram,
porque tú conquistarás por completo
a los arameos en Afec.

Isaías 49:2 (RVR1960)
Y puso mi boca como espada aguda,
me cubrió con la sombra de su mano;
y me puso por saeta bruñida,
me guardó en su aljaba.

DIOS ME DICE HOY:

Si cortas la oración, se corta la bendición.

2 Crónicas 7:1(NVI)
Cuando Salomón terminó de orar,
cayó fuego del cielo que consumió los sacrificios
y las ofrendas quemadas,
y la gloriosa presencia del Señor llenó el templo.

Dios me dice hoy:

_____

_____

_____

_____

_____

El proceso te aísla de los falsos amigos, para revelar los verdaderos.

Proverbios 27:6 (NVI)
Más confiable es el amigo que hiere
que el enemigo que besa.

Mateo 26:50 (NTV)
Jesús dijo: —Amigo mío, adelante, haz lo que viniste a hacer.
Entonces los otros agarraron a Jesús y lo arrestaron.

1 Samuel 22:1-2 (NVI)
¹David se fue de Gat y huyó a la cueva de Adulán.
Cuando sus hermanos y el resto de la familia
se enteraron, fueron a verlo allí.
² Además, se le unieron muchos otros
que estaban en apuros, cargados de deudas
o amargados.
Así, David llegó a tener bajo su mando
a unos cuatrocientos hombres.

DIOS ME DICE HOY:
_____

Dios te llevará a otra dimensión cuando tu amor por él esté en otra dimensión.

1Efesios 4:13 (NTV)
Ese proceso continuará hasta que todos alcancemos tal unidad en nuestra fe y conocimiento del Hijo de Dios que seamos maduros en el Señor, es decir, hasta que lleguemos a la plena y completa medida de Cristo.

Josué 1:8 (NTV)
Estudia constantemente este libro de instrucción. Medita en él de día y de noche para asegurarte de obedecer todo lo que allí está escrito. Solamente entonces prosperarás y te irá bien en todo lo que hagas.

DIOS ME DICE HOY:
_____

_____

_____

Lo creo, Lo Recibo Y Mis Ojos Lo Verán

Los Avivamientos no se forman, se provocan; y para provocarlos, hay que ser portador de la Presencia de Dios.

Juan 17:22 (NTV)
Les he dado la gloria que tú me diste, para que sean uno, como nosotros somos uno.

2 Timoteo 1:6 (NTV)
Por esta razón, te recuerdo que avives el fuego del don espiritual que Dios te dio cuando te impuse mis manos.

DIOS ME DICE HOY:

_____

_____

_____

_____

BIBLIOGRAFÍA

Reina Valera 1960 **(RVR1960)**

Nueva Biblia Latinoamericana de Hoy **(NBLH)**

Nueva Traducción Viviente **(NTV)**

Nueva Versión Internacional **(NVI)**

Cada frase expuesta en este libro es de inspiración personal; movido por el Espíritu Santo para desarrollar un contenido.

Dedicado a las personas amantes de las frases cortas, y a aquellos que buscan interpretar conceptos laberínticos en un mundo complejo y divertido.